Liebe Leserinnen und Leser,

in diesem Gedichtband habe ich die täglichen Kämpfe, sei es mit diversen Verkehrsmitteln, in alltäglichen Situationen, oder mit sich selbst und den lieben Mitmenschen aufs Korn genommen. Doch wenn man sich traut und die Tür der Neugier weit aufmacht, kann man über so Vieles herzlich lachen, auch wenn es einige Steine gibt, die man dabei auf die Seite räumen muss.

Viel Spaß beim Lesen meines neuen Gedichtbandes

Ihre

Ihre
Heike Boeke

Heike Boeke

Gedichte

Und täglich lach und weine ich
und muss mich auch entscheiden

Bibliografische Information der Deutschen Nationalbibliothek:
Die Deutsche Nationalbibliothek verzeichnet diese Publikation in der Deutschen Nationalbibliografie; detaillierte bibliografische Daten sind im Internet über http://dnb.dnb.de abrufbar.

© *2019 Heike Boeke*

Herstellung und Verlag: BoD – Books on Demand, Norderstedt

ISBN: 978-3-7460-3090-6

Inhalt

Das Buch 7

Dummes Gedankengut 8

Komma 9

Mein Computer 10

Internet... 11

Das Auto.. 12

Der Stau 14

Geschwindigkeit 15

Die Baustelle 16

Flugzeug.. 17

Das Schiff 18

Zug 20

Mein Koffer 21

Schnupfen 22

Meine Lesebrille 22

Der Pickel 23

Graue Haare 24

Ein Bilderrahmen 25

Schrankaufbau 26

Schuhe... 27

Der Schuhschrank... 28

Eine Blase 29

Der Reißverschluss....................................... 30

Bankkonto 30

Staub.. 31

Die Warteschlange.. 32

Fernsehprogramm.............................33
Die Träne..34
Trübe Tage......................................35
Migräne..36
Die Kerze..37
Fußball...38
Sport..38
Kinder..39
Kinderlachen...................................40
Nachbarn..41
Tanz...42
Musik..43
Lärm...43
Geruch..44
Finger...44
Der Volksvertreter............................45
Politik...46
Kapitalismus....................................47
Strategen..48
Führung..49
Die Büropflanze...............................51
Das Telefon.....................................52
Die Tasse..53

Die Augen durch die Seiten gleiten,
die Finger auf den Zeilen reiten.

Die Spannung steigt in weitem Bogen,
jetzt wurde sie auch noch betrogen!

Verwirrung macht sich nun noch breit,
ich dacht zur Lösung ist's nicht weit!

Doch macht die Story eine Wendung,
denn mit der Post kommt eine Sendung.

Ich blättre weiter, kann's nicht lassen,
den Mörder kriegt sie nicht zu fassen.

Und auf dem letzten Blatt steht dann,
das nächste Band man kaufen kann.

Erschöpft schlag ich das Buch nun zu,
die Lösung lässt mir keine Ruh.

So geh ich, kauf das nächste Band,
beglückt halt ich's in meiner Hand.

Wer's ist, verraten werd ich's nicht,
das zweite Band bringt es ans Licht.

Ich denk so oft, wenn ich was lese,
da wird geschrieben ganz viel Käse.

Manch Wort wär besser in der Tonne,
das wär für mich die schönste Wonne.

Mit Worten kann man töten,
und Menschen bring'n in Nöten.

Wie Messer könn sie schneiden,
die Menschen daran leiden.

Gedankenhülsen sind gefährlich,
sie sind niemals wirklich ehrlich.

Zerknüllt sind sie, vernichtet nun,
für sie kann ich jetzt nichts mehr tun.

Sie waren unklar, öd und wirr,
manch dummes Zeug stand auf Papier.

Drum schmeiß ich's weg, das dumme Wort,
Papierkorb ist der richtg'e Ort!

Das Komma ist ein kleines Zeichen,
das einem Punkt muss manchmal weichen.

Doch weicht das Komma einmal nicht,
verliert der Punkt die Übersicht.

Doch Komma, Punkt und Apostroph,
die sind für manchen einfach doof.

Drum Lehrer in den Wahnsinn treibst,
an falscher Stelle Komma schreibst.

Verflixt, jetzt ist er abgestürzt,
dabei hab ich die Schnur verkürzt!

Die Maus, sie ist auch noch verrutscht,
und ist mir aus der Hand geflutscht.

Das B, es hat sich aufgehängt!
Der Router ist auch noch gekränkt.

Ich schrei das Teil nun wütend an,
als ob es jetzt dafür was kann.

Wie schön war doch die Schreibmaschine,
sie schnurrte wie ne kleine Biene.

Ganz hibbelig werd ich jetzt bald.
Das Teil, das lässt das ziemlich kalt.

Doch plötzlich macht es einen Ruck,
und brummelnd kommt der nächste Druck.

Rasend schnell verbreitet Wissen,
mit dem Laptop auf dem Kissen.

Wie die Spinnen Netze spannen,
Neues auf die Schirme bannen.

Ziellos durch die Leitung hetzen,
Zeichen kann man dabei setzen.

Krudes Denken, Hetztiraden,
in Gehässigkeiten baden.

Keine Grenzen, gedankenleer,
dunkel, wie das tiefe Meer.

Megabit und Kilobyte,
achte auf die andre Seit.

Manches davon ist entbehrlich,
und mitunter sehr gefährlich.

Du liebgewonnener Luftverschmutzer,
bin dein Sklave, nicht dein Nutzer.

Ich saus so hin von Ort zu Ort,
begeh mit dir so manchen Mord.

Zu Fuß zu gehen, das fällt schwer.
Mit dir, da bin ich schließlich wer!

Mein Haar, es weht mir um die Ohren,
im Frühling bin ich fast erfroren.

Was geht mich an der Wald und auch das Tier,
denn schließlich leb ich jetzt und hier.

Was geht mich an der nächste Morgen?
Der heutge hat genug an Sorgen.

Was geht mich an die Zukunft meiner Kinder?
Wozu gibt's heut so viel Erfinder?

So leb ich lustig vor mich hin,
und frag daher nicht nach dem Sinn.

Mein Auto, das ist meine Liebe,
so tun ich daher das Getriebe.

So, dass es laut ist und macht Krach,
man nicht hört den leisen Bach.

Da singt auch keine Nachtigall,
wenn ich vorbei fahr mit nem Knall.

Mein Auto hustet, Benzin ist aus.
Wie komm ich aus der Schlange raus?

Seit Stunden steh ich jetzt schon hier,
die Heizung aus, und nun auch frier.

Die Autos werden immer mehr,
Blechlawine, wie ein Meer.

Ich schau zurück und auch nach vorn,
mich packt und rüttelt jetzt der Zorn.

Wie dumm denn konnte ich nur sein,
dass mich gesetzt ins Auto rein.

Den Start ins Ferienparadies,
ein jeder Heut beginnen ließ.

Drum sitz ich jetzt in diesem Stau,
am trocknen Brot vor Wut ich kau.

Der Motor brummt, geb` Gas und lache,
PS sind eine feine Sache.

Die Landschaft seh ich schemenhaft,
das Gaspedal drück ich mit Kraft.

Da blitzt es plötzlich, schau verdutzt,
das Bremsen hat nicht viel genutzt.

Jetzt schau ich auf den Briefumschlag,
den ich nun gar nicht öffnen mag.

Und peinlich bin ich dann berührt,
wozu das Rasen hat geführt.

Das nächste Mal, das weiß ich jetzt,
da wird nicht mehr so schnell gehetzt.

Den Tempomat, den schalt ich ein,
das Rasen lass ich künftig sein.

Fröhlich fahr ich durch die Lande,
plötzlich steht ein Schild am Rande.

70 steht auf Lettern fett,
links einordnen, das wär nett.

Lichter blinken vor sich hin,
schon steh ich im Stau voll drin.

Gestern noch war alles frei,
denk ich ärgerlich dabei.

Nun steck ich schon wieder fest,
weil man nicht das Buddeln lässt.

Doch vom Auto kann nicht lassen,
die da fahr'n in allen Klassen.

Daher braucht es breite Trassen,
zu bewältigen die Massen.

Fröhlich fahr ich durch die Lande,
plötzlich steht ein Schild am Rande.

Der Motor läuft, es wird sehr laut,
ich hoff, es ist stabil gebaut.

Jetzt gibt es Gas, das Flugzeug rüttelt,
in meinem Sitz ich werd geschüttelt.

Nun hebt es ab, es gibt nen Ruck,
auf einmal in die Tiefe guck.

Es dreht ne Runde, Flügel winken,
ich hoff jetzt nicht, dass wir noch sinken.

Doch hoch und höher fliegt es jetzt,
entspannt hab ich mich hingesetzt.

Das Essen kommt, mir ist ganz schlecht,
wenn er jetzt landet wär´s mir recht.

Zum Sinkflug setzt er plötzlich an,
den Gurt ich fester um mich spann.

Das Rollfeld kommt, die Räder fallen,
die Hände sich im Sessel krallen.

Dann macht es Rums, die Wände klappern,
benommen wir nach draußen tappern.

Die Planken schwanken unter mir,
ich hab gebucht, jetzt bin ich hier.

Bis an die Reling spritzt das Wasser,
jetzt ist mein Kleid schon wieder nasser.

Es hebt und senkt sich in den Wellen,
im Schiff gibt's keine geraden Stellen.

Dann endlich hab ich ruhige See,
versonnen in die Luft ich seh.

Entspannt lieg ich am Oberdeck,
das Schiff hat sicherlich kein Leck.

Den nächsten Landgang plan ich schon,
da hör ich plötzlich einen Ton.

In die Kabine renn ich schnell,
denn die Sirene schreit schon grell.

Die Weste reiß ich aus der Truhe,
vorbei ist's mit der Urlaubsruhe.

Doch ach, es war ne Übung nur,
wie ich soeben erst erfuhr.

In meine Koje fall ich nun,
was bin ich für ein dummes Huhn!

Das nächste Mal, dass schwör ich mir,
da wink ich nur noch von der Pier.

Es rattert, rüttelt und es zieht,
die Landschaft schnell vorüberzieht.

Das Fenster zu, die Scheibe blind,
an welchem Bahnhof wir wohl sind?

Behälter voller Abfallstücke,
ich find nicht mal die kleinste Lücke.

Manch dicker Koffer steht im Gang,
zum Klo ich gar nicht erst gelang.

Ein Schaffner grimmig schaut mich an.
Ob er mir Auskunft geben kann?

Er schnaubt, ich denk er sagt gleich nein,
in sein Gerät schaut er noch rein.

Den nächsten Zug krieg ich vielleicht,
wenn dieser jetzt sein Ziel erreicht.

Doch bleibt er auf der Strecke stehen,
muss ich den Rest vermutlich gehen.

So schau ich schwitzend auf die Uhr,
die Zugfahrt war ne einzge Schur.

Verreisen möcht ich in die Welt,
nichts mehr mich hier im Stuhle hält.

Ich sammle nun mein ganzes Geld,
und alles, was mir noch einfällt.

Wohin pack ich jetzt meine Sachen?
Ich stehe da, muss herzlich lachen.

Der Haufen immer größer wird,
man jetzt den Überblick verliert.

Mein Koffer, der ist viel zu klein,
da passt nun gar nichts mehr hinein.

Es hilft kein drücken und krakeelen,
das Beste muss ich nun auswählen.

Ich komme an und stelle fest,
ich hab nichts, was ist wetterfest!

Schnupfen

Das Auge tränt, die Nase läuft,
manch Tuch sich auf dem Nachttisch häuft.

Der Hals tut weh und kratzt gewaltig,
Augenränder und ganz faltig.

Gehustet wurd die ganze Nacht,
das Nasenspray hat nichts gebracht.

So lieg ich da und leide nur,
ich glaub ich muss jetzt mal zur Kur.

Meine Lesebrille

Heut bin wieder auf der Such,
denn will lesen nun ein Buch.

Doch wieder ist sie einfach weg,
zu suchen hat heut keinen Zweck.

Wo hab ich sie nur liegen lassen?
Es ist mir einfach nicht zu fassen!

Im Klo und auf der Fensterbank,
die Brille, sie macht mich ganz krank.

Wild such ich alle Orte ab,
bevor ich sie gefunden hab.
Das nächste Mal, du dummes Teil,
häng ich dich auf an einem Seil.

Ich morgens in den Spiegel schau,
mich anzuschauen ich nicht trau.

Denn gestern hab ich noch entdeckt,
dass meine Haut was ausgeheckt.

Zu sprießen fing da Etwas an,
ob Schlimmes ich verhindern kann?

Doch prangt er dick auf meiner Nase,
vor Wut ich innerlich schon rase.
Bloß, weil ich etwas fett gegessen,
hat sich ein Pickel festgesessen.

Der Hügel ist schon riesig groß.
Wie krieg ich den jetzt weg nun bloß?

Ich klemm ihn zwischen meine Nägel,
bläh meine Nase wie ein Segel.
Au weh, das tat gehörig weh,
jedoch den Pickel nicht mehr seh.

Doch rot ist meine Nase nun.
Was kann ich ihr jetzt Gutes tun?

Den roten Fleck ich kühl geschwind,
und fächre zu ihm kalten Wind.

Mit Puder deck die Wunde zu,
ich hoff der Pickel gibt jetzt Ruh!

Grau ist das Haupt, man ist genervt,
der Haarausfall die Not verschärft.

So sucht man den Friseur schnell auf,
damit er Farbe macht da drauf.

Im Spiegel schaut man hell beglückt,
das Blond, es ist perfekt geglückt.

Noch Spray und Gel geschwind ins Haar,
man fühlt sich wie ein Fernsehstar.

Doch Wochen ziehen schnell ins Land,
und schon sieht man nen grauen Rand.

Warum nur wächst das Haar so flink?
Mit Frust ich auf das Sofa sink.

Vielleicht steht mir ja Grau recht gut?
Ich fasse daher wieder Mut.

Doch stell ich fest nach kurzer Zeit,
fürs Grau bin ich noch nicht bereit.

Daher ich ruf verzweifelt an,
wie schnell ich wieder kommen kann.

Ein Foto hab ich heut gemacht,
und mir nach Hause mitgebracht.

Der goldne Rahmen, der müsst passen,
gefertigt hab ich ihn mir lassen.

Das Passepartout, das passt perfekt,
im Rahmen es nicht angeeckt.

Nun ist das Foto schön im Rahmen,
doch nun es kommen schlimme Dramen.

Ein Nagel in die Wand zu kriegen,
und die Betonwand zu besiegen.

Er steckt recht krumm und schief darin,
ich glaub, er ist jetzt richtig drin.

Egal, das Bild kommt an die Wand,
dann rück zurecht ich's mit der Hand.

Nun schau verzückt ich es nun an,
herunterfallen es nicht kann.

Mitunter hängt es manchmal schiefer,
ich häng es doch wohl etwas tiefer.

Hab mir einen Schrank ergattert,
pack ihn aus und guck verdattert.

Lauter Schrauben, Haken, Ösen.
Wie soll ich das heut noch lösen?

Das Papier zeigt Bilder nett,
ich hab nur vorm Kopf ein Brett.

Drehe, wende, lege gerade,
falsch genagelt – oh wie schade.

Schweiß läuft mir den Nacken runter,
bin schon lange nicht mehr munter.

Doch, oh je nach langen Stunden,
hab ich mich umsonst geschunden.

Das Fach, das rechts doch sollte sein,
passt irgendwie hier doch nicht rein.

Jetzt krieg ich aber eine Wut,
das Teil nun in mein Auto lud.

Nie wieder werd ich dort was kaufen,
jetzt muss ich erst mal mich besaufen.

Spitz der Absatz, bunt die Sohle,
ach, da brauch ich zu viel Kohle.

Doch meist sind sie mir zu klein,
komm nicht mit der Ferse rein.

Sandaletten mit viel Steinen,
bammeln jetzt an meinen Beinen.

Badeschlappen sind modern,
nimmt man mit in Länder fern.

Schuhschrank ist zum Bersten voll,
ach der Schuhkauf, der ist toll!

Meine Schuhe sahn schon viel Asphalt,
und manche davon sind recht alt.

Der Schuhschrank mit manch buntem Schatz,
schief gelaufener Absatz.

Im Sommer hat ich freie Zehen,
befreit und luftig war das Gehen.

Zum Wandern gab's nur feste Schuhe,
damit der Knöchel hatte Ruhe.

Zu Hause gab es nur noch Socken,
der Fuß, er konnte richtig rocken.

Die Schuhe warn aus Stoff und Leder,
geschmückt manchmal mit einer Feder.

Auch Perlen und so manchen Tand,
sich so an meinen Schuhen fand.

Der Abschied fiel mir oft auch schwer,
behandeln tat ich sie stets fair.

Denn schließlich hat er mich beschützt,
und meinen Füssen sehr genützt.

Ich wandre lustig vor mich hin,
da fühl ich in den Schuhen drin,
wie sich was heftig daran reibt,
mir Tränen in die Augen treibt.

Es brennt und wütet in dem Schuh,
und gibt so gar nicht einfach Ruh.

Da mach ich meine Schuhe locker,
auf einem kleinen holzgen Hocker.

Oweh, was ist das denn am Zeh,
und tut so höllisch böse weh?

Ein Bläslein hat sich hier gesetzt,
und sich am Socken aufgewetzt.

Es trieft und sieht ganz rot nun aus.
Wie komm ich denn jetzt schnell nach Haus?

Ein Blasenpflaster, das tut gut,
nun fass ich wieder frohen Mut.

Der Reißverschluss

Zahn um Zahn greift ineinander,
eng sie stehen beieinander.

Doch meint einer, er will wanken,
oder um den Platz sich zanken,
dann sie fallen alle um,
und der Mensch, er schaut recht dumm.

Offen steht die Hos sodann,
schließen er sie nicht mehr kann.

Bankkonto

Aufs Konto ich betreten schau,
Oweh, es sieht ja aus ganz mau.

Ein Polster dacht ich, hätt ich noch,
doch hab geirrt, ich seh ein Loch.

Das hab ich nun von Girokarten,
und den verflixten Einkaufsfahrten.

Nun steh ich vor dem Automat,
und bin so richtig jetzt in Fahrt.

Dann geh ich jetzt und pump mir was,
die Rechnung einfach liegen lass!

Er rieselt leise auf die Schränke,
erreicht sogar die letzten Bänke.

Er legt sich grau auf alles nieder,
doch schwingend Mopp erwischt ihn wieder.

Kaum ist er aber weggewischt,
zudem das helle Licht erlischt,
da schleicht er wieder frech sich an,
und macht sich an die Möbel ran.

Er schwebt so von der Decke runter,
an Kanten, Ecken flegelt munter.

Drum wütend macht mich dieser Staub,
ich glaub, ich geh und rech das Laub.

In der Schlange steh ich wieder,
Füße wippen auf und nieder.

Hab die Falsche ausgewählt,
vor mir Kleingeld wird gezählt.

Auch im Auto sitz ich fest,
rote Ampel stoppt mich jetzt.

Eil zur Bank noch schnell geschwind,
wieder eine Schlange find.

Lange Schlangen, kurze Schlangen,
fühl mich oft darin gefangen.

Nirgends kommt man schnell zum Zug,
stellt man's an auch noch so klug.

Drum stell mich jetzt gelassen an,
denn irgendwann komm ich ja dran.

Das Programmheft schlag ich auf,
Krimis find ich heut zu Hauf.

Gibt's denn nicht mal andre Sachen,
eventuell auch was zum Lachen?

Mord und Totschlag find ich grässlich,
und die Leichen sind so hässlich.

Wie wär es denn mal mit was Schönem,
oder was mit leichten Tönen?

Da les ich lieber in meinem Bett,
denn ein schönes Buch ich hätt.

Lass die Glotze heute aus,
geh stattdessen nachher raus.

Das Heft daher schlag ich schnell zu,
solch Programm mir nicht an tu.

Verzieht den Mund, die Stirn leg kraus,
schluchzend Ton kommt nun heraus.

Die Brust vibriert, das Auge brennt,
das Herz schlägt wild, der Pulsschlag rennt.

Aus beiden Augen tränt es jetzt,
die Wangen sind mit Salz benetzt.

Des Endes Film verschwimmt im Nebel,
ein Taschentuch in Händen knebel.

Jetzt ist es aus, ich bin verzückt,
das Ende ist doch gut geglückt.

Dunkel die Gedanken schwer,
mutlos wanke ich daher.

Trauer steht mir im Gesicht,
fühl mich, wie ein armer Wicht.

Dämmrig traurige Gefühle,
mich umgibt Gedankenkühle.

Lustlos schaue ich hinaus,
will nicht aus dem Haus heraus.

Augen, die sind tränennass,
ich mich einfach hängen lass.

Wie find ich den Ausweg nur?
Suche nach der richtgen Spur.

Suche nach des Lebens Sinn,
wer und was und wo ich bin.

Es pocht und dröhnt in meinem Kopf,
es zieht und ziept an meinem Zopf.

Die Augen, rot sind sie gerändert.
Ob sich das Wetter wieder ändert?

Den Wein, den gestern ich genoss,
zu viel in meinen Gaumen floss?

Der Nacken schmerzt, der Kopf ist schwer.
Wo hab ich das nun wieder her?

Die Rollos, ich lass sie nun fallen,
Magenkrämpfe in mir ballen.

Die Sicht ist schlecht,
und mir noch schlechter.

Oh, wann nimmt das bloß ein Ende?
Könnt gehen rauf auf glatte Wände.

Erschöpft lieg ich in meinen Kissen,
Schmerz, ich werd dich nicht vermissen.

Die Kerze

Des Winters Dunkel drückt mich nieder,
wann helle Tage kommen wieder?

Kaltes Licht scheint durch die Scheiben,
Hände aneinander reiben.

Wie kann ich diese Stimmung heben,
und der Traurigkeit entschweben?

Zünde eine Kerze an,
Honigduft umgibt mich dann.

Warmes Licht erhellt den Raum,
dunkle Schatten sind ein Traum.

Fühl mich wohlig warm geborgen,
fort sind jetzt die vielen Sorgen.

Kerzendocht, er brennt hernieder,
summ dabei noch ein paar Lieder.

Träum mich so zum Frühling hin,
Kerzen haben ihren Sinn!

Fußball

Richter pfeift, das Spiel beginnt,
Spieler auf dem Rasen sind.

Ball fliegt knallhart Richtung Tor,
Torwart wirft sich noch davor.

Trippeln,laufen,Haken schlagen,
jetzt dem Gegner an den Kragen.

Kopfball, Foul,
er liegt im Gras.
Richter die Leviten las.

Jetzt Elfmeter, Schuss und Tor,
Pfeifkonzert aus vollem Rohr.
Fahnen schwingen und Geschrei,
Fußballspiel, es ist vorbei.

Sport

Man schwitzt und ächzt, es kracht im Kreuz,
doch Orthopäden es erfreut's.

Das Fett schmilzt in der Sonne hin,
weg ist auch das Doppelkinn.

Erschöpft streckt man nun alle Viere,
und trinkt sodann ein, zwei, drei Biere.
Am nächsten Tag dann schwer wie Blei,
ich glaub, ich nehm vom Sport mir frei.

Kinderlachen hell und klar,
wie einfach doch die Kindheit war.

Kein Hadern mit den Zukunftsfragen,
die Frage nicht:"Kann ich es wagen?"

Das Leben ist ein einz'ges Spiel,
nicht jagen nach dem nächsten Ziel.

Von Kindern können wir viel lernen,
nicht greifen nach den goldnen Sternen.

Im Hier stattdessen ganz zu leben,
nicht viel auf das Geschwätz zu geben.

Sich freuen über Kleinigkeiten,
nicht wegen Nichtigkeiten streiten,
nicht auf der eignen Meinung reiten.

Vielmehr die Dinge hinterfragen,
nicht ständig Dinge nachzutragen.

Und dabei immer wieder lachen,
und auch mal dumme Sachen machen.

Es spielt das Kind vorm Haus im Sand,
ein Trecker hält es in der Hand.

Es buddelt, sandelt, jubiliert,
ein Kuchen es auch noch serviert.

Da wird gebaut und auch zerstört,
ein Kinderlachen man nun hört.

Die Hos voll Sand, braun im Gesicht,
steht es nun stolz im Gegenlicht.

Die Mutter schaut und herzlich lacht,
das hast du wieder fein gemacht!

Die Nachbarn sucht man sich nicht aus,
ganz plötzlich sind sie mit im Haus.

Zunächst glaubt man,
„Das wird schon passen,
die werden mich in Ruhe lassen."

Man denkt zudem, wenn ich bin still,
weiß dann der Nachbar, was ich will.

Doch Rücksichtnahme merkt man bald,
die kennt er nicht – man wird beschallt.

Nicht nur der röhrend Motor läuft,
man gerne sich auch noch besäuft.

Der Grill qualmt rauchend vor sich hin,
gefangen in der Wohnung bin.

Der Tabakqualm kommt noch dazu,
zur Nacht ich finde keine Ruh.

Wie einfach wäre das Leben doch,
wenn Rücksichtnahme gäb es noch.

Wie grenzenlos der Mensch doch ist,
das Recht des Nächsten oft vergisst.

Es wirbelt, dreht sich in dem Kreise,
die Musik spielt laut und leise.

Eng umschlungen, Röcke fliegen,
hoff ich werd nen Partner kriegen.

Licht gedimmt, jetzt sanfte Lieder,
jemand kniet sich vor mir nieder.

Rumba tanzen, Cha-Cha-Cha,
fühlt man sich in Panama.

Licht geht aus, es ist vorbei,
schad, es ist ja schon halb drei!

Musik

Herz springt hoch gleich Vogelschwingen,
Mund reißt auf und will mitsingen.

Fuß wippt in des Taktes Klang,
Finger fängt zu schnalzen an.

Freude sprudelt quellen gleich,
Musik macht unser Leben reich.

Lärm

Es braust und brandet mir im Ohr,
nicht lieblich, wie ein schöner Chor.

Es zerrt an Nerven und Verstand,
Hassgedanken nie gekannt.

Der Lärm, er ist ein Ungeheuer,
er brennt im Magen dir wie Feuer.

Drum schließ ich alle Fenster zu,
und Watte in die Ohren tu.

Geruch

Die Nase rümpft und liegt in Falten,
wenn sie den Käse riecht – den Alten.

Die Flügel wie ein Segel bläht,
wenn Sommerduft durch Lüfte weht.

Finger

Finger gleiten über Tasten,
Finger tragen schwere Lasten.

Finger sind auch Kuli-Halter,
Finger werden steif im Alter.

Finger tragen Ring als Schmuck,
Finger machen manchmal Druck.

Finger streicheln deinen Arm,
Finger fühlen an sich warm.

Finger klopfen an die Wand,
Finger reiben weg den Sand.

Finger sind daher ganz wichtig,
drum behandle sie auch richtig.

Brust geschwellt und Kinn markant,
Haar gegelt und sprachgewandt.

Stellt sich dar als Volksvertreter,
ein Plakat nach jedem Meter.

Wofür soll ich mich entscheiden?
Größres Übel will vermeiden.

Kann's in seinen Augen lesen,
lügt gewandt an jedem Tresen.

Denkt nur an die eigne Tasche.
Was ist heute seine Masche?

Macht Versprechung, die ist leer,
denn die Wirtschaft will noch mehr.

Wahre Macht gehört dem Geld,
wenn dann die Entscheidung fällt,
die Versprechen nicht mehr hält.

Vor der Wahl man fragt sich immer,
kann es sein, es wird noch schlimmer?

Wo soll nur das Kreuzchen hin?
Ach, wie unsicher ich bin!

Soll ich an die Umwelt denken?
Wem soll ich da Glauben schenken?

Soll ich liberal nun wählen?
Soll nur meine Freiheit zählen?

Rot und Schwarz und Gelb und Grün,
wie sie sich für mich abmühn.
Doch letztendlich stell ich fest,
beschmutzt wird nur des andren Nest.

Meistens denken sie an sich,
und am wenigsten an mich.

Schnöder Mammon treibt sie an,
Macht zieht sie in ihren Bann.

Daher frag ich mich erneut,
wo mach ich das Kreuzchen heut?

Doch es hilft nichts, Wahl muss sein,
das seh ich als Bürger ein.
Drum, so hoff ich irgendwann,
besser werden kann es dann.

Macher machen Geld in Massen,
füllen ihre eignen Kassen.

Fiebernd sucht man den Gewinn,
fragt nie dabei nach dem Sinn.

Netto, Brutto, Indexzahlen,
Bilder an die Wände malen.

Wetternd gegen Jedermann,
immer in des Geldes Bann.

Börsenzahlen, Lebensadern,
niemals mit den Banken hadern.

Süchtig nach der nächsten Quelle,
Seelenheil tappt auf der Stelle.

Leben auf des andren Kosten,
nur bedacht auf eigne Posten.

Die Not wird größer überall,
die Jagd nach Geld bringt uns zu Fall.

Strategen fühlen sich im Krieg,
und streben immer nach dem Sieg.

Erfinden ständig neue Kniffe,
geschickt sie lenken ihre Schiffe.

Sie treiben ihre Mannschaft an,
die in die Riemen legt sich dann.
Auch, wenn es einmal richtig kracht,
und schwer ist manchmal ihre Fracht.

Strategen feuern heftig an,
sie winken mit Belohnung dann.

Doch bleibt sie immer nur Versprechen,
die Mannschaft wird sich alsbald rächen.

Und der Stratege schaut recht dumm,
im leeren Schiff sich alsbald um.

Geführt wird überall im Land,
von Solchen, die sich selbst ernannt.

Da rennt dann einer schnell vorweg,
und hinterlässt dabei viel Dreck.

Er dreht sich selten auch noch um,
und hält den andren stets für dumm.

Auch dreht er oftmals sich im Kreis,
und redet vielmals heftig Sch...

Nach andrer Meinung fragt er nicht,
Kritik höchst selten ihn anficht.

Die Schulter, tief ist sie gebeugt,
sie schwere Last allseits bezeugt.

Wie wenig Führung das doch ist,
denn Menschlichkeit wird oft vermisst.

Von Vorbild ist da nichts zu sehn,
wenn um die eigne Achs sie drehn.

Oft kennen sie nicht mal das Ziel,
und schwimmen nur in andrer Kiel.

Drum schau wohin dich einer führt,
und ob ihm diese Macht gebührt.

Acht lieber auf den eignen Schritt,
und mach nicht jeden Blödsinn mit!

Stell auch mal ein paar dumme Fragen,
und prüf ob seine Argumente tragen.

Denn denken musst du schon allein,
von Konsequenz kann niemand dich befrein!

Die Büropflanze

Lieblos in das Eck gestellt,
Licht sehr selten auf sie fällt.

Wasser kriegt sie nur in Raten,
Zuspruch kann sie kaum erwarten.

Sie jedoch, sie ist sehr zäh,
wenn ich sie so dastehn seh.

Staub fällt sanft auf sie hernieder,
sie kann singen manche Lieder.

Davon, das Büros sehr trocken,
und dort viele Menschen hocken.

Davon, das nicht viel gelacht,
und auch nie an sie gedacht.

Doch, wenn richtig sie behandelt,
sie den Raum gar sehr verwandelt.

Freude kann sie euch bereiten,
das lässt sich gar nicht bestreiten.

Es klingelt ohne Unterlass,
wie ich mein Telefon doch hass.

Kaum hab ich gerade aufgelegt,
ein Ton schon durch die Lüfte sägt.

Mein Ohr, es ist schon völlig wund,
es geht heut wieder ganz schön rund.

Der Hörer liegt kaum auf der Gabel,
gefühlt ich bin der Welten Nabel.

Roh schreit es gerade aus der Muschel,
manchmal ich hör auch nur Genuschel.

Im U-Verzeichnis find ich nix,
wie ich verbinden kann ganz fix.

Doch endlich ist der Tag vorüber,
und meine Nerven auch hinüber.

Sie ist verziert mit Namen, Sprüchen,
zu Hauf sie steht in manchen Küchen.

Es gibt sie bauchig, groß und klein,
ne Menge passt in sie hinein.

Mit Kaffee füllt man sie sehr oft,
denn wach zu bleiben man erhofft.

Auch Tee und andres Heißgetränk,
ist für die Tasse ein Geschenk.

Steht sie im Schrank jedoch nur leer,
der Abschied fällt nicht mehr so schwer.

Denn ausgedient hat sie als Tasse,
daher sie jetzt am Henkel fasse,
und in den Abfalleimer lasse.

Vor ein paar Tagen sah ich eine,
nur die wollt ich, und sonst gar keine!

Ich sah auf ihr das Meer blau blinken,
in ihm wollt ich sogleich versinken.
Jetzt werd ich Kaffee aus ihr trinken!

Weitere Gedichtbände von Heike Boeke

Gedichte Brücken

ISBN: 9783752811094
Gedichte Brücken und Wasserspiele

Gedichte Natur

ISBN: 978-3-7460-1687-0
Gedichte über die Schönheit der Natur

Gedichte Mensch

ISBN: 978-3-7460-3383-9
Gedichte über und für Menschen

Gedichte Gesundheit

ISBN-13: 9783752849769
Bleiben Sie gesund

Gedichte Licht und Schatten

ISBN-13: 9783748175155
Es gibt immer zwei Seiten

Tiergeschichten

ISBN-13: 9783746075570
Echte Freundschaft kennt keine Grenzen